Was ich dir wünsche zum 50. Geburtstag

Heute ist dein großer Tag!

Ich wünsche dir zu deinem Geburtstag alles, alles Gute! Ich wünsche dir, dass du im Kreise deiner Lieben einen wunderschönen Tag verbringst, dass du die letzten fünf Jahrzehnte gelassen Revue passieren lässt und dass du voller Neugier in dein neues Lebensjahr startest.

Ich wünsche dir von Herzen

alles Liebe zum Geburtstag.

Bleib so, wie du bist, und lass dich heute einmal gebührend feiern.

Auf ein unbeschwertes nächstes Lebensjahr!

Ich wünsche dir,

dass du über kleine Pannen herzhaft lachen kannst. Am besten ist, man nimmt alles mit Humor, dann spart man sich viel Ärger und vergeudet keine unnötige Energie.

Geh deinen eigenen Weg!

Auch wenn dieser manches Mal steinig und kurvenreich sein wird – ich wünsche dir, dass du nicht die Orientierung verlierst.

WER WIRKLICH WEISS, WOHIN ER GEHEN WILL, DEM GIBT DIE WELT AUCH DEN WEG FREI.

CHARLES L. ALLEN

Es ist nicht immer leicht,

den Spagat zwischen Familie, Job und
den eigenen Bedürfnissen zu meistern.
Ich wünsche dir, dass du genau die Balance findest,
die für dich die richtige ist.

FINDE DEIN GLÜCK
IM GLEICHGEWICHT DEINER SEELE.

VICTOR LEVIN

Niemand verlangt von dir Perfektion.
Ich wünsche dir, dass du auch deine
kleinen Schwächen akzeptieren kannst –
sie machen dich erst richtig liebenswert

*und zu genau dem Menschen,
den wir mögen.*

Danke für deinen Rat!

Deine Erfahrung in den wichtigen
Dingen des Lebens macht dich zu einem idealen
Ansprechpartner für viele Sorgen und Nöte.
Ich wünsche dir, dass du deinen
Erfahrungsschatz weiter
ausbauen kannst.

Ich wünsche dir

für dein neues Lebensjahr blühende Bergwiesen,
duftende Wälder und ein rauschendes Meer.
Ich wünsche dir Sonnenschein und Regen, Abenteuer
und Entspannung und noch so viel mehr …

Du bist für deine Mitmenschen da,
wenn sie Probleme haben und Hilfe brauchen,
das macht dich zu etwas ganz Besonderem.
Ich wünsche dir, dass auch du jemanden hast,
der für dich da ist, wenn du selbst einmal

Zuspruch und Trost brauchst.

Ich wünsche dir,

dass du voller Optimismus und Tatendrang
in eine spannende Zukunft blickst.
Die Welt steht dir offen.

Sei gut zu dir selbst!

Es ist schön, dass die Menschen um dich herum
in vielen Belangen auf dich zählen können.
Dass du aber ohne schlechtes Gewissen auch mal
»nein« sagen kannst, wenn es dir zu viel wird,
das wünsche ich dir.

Wie wäre es mit Südamerika als nächstem Reiseziel? Oder doch lieber Andalusien? Dass dich auch in diesem Jahr das Reisefieber packt und du die Chance dazu hast, in ferne Welten einzutauchen, das wünsche ich dir sehr.

Reisen ist die schönste Methode, zu sich selbst zu finden!

Ich wünsche dir

stille Momente, in denen du Zeit und Muße findest, über das nachzudenken, was du im Leben schon alles erreicht hast. Ganz schön viel, findest du nicht auch?

Ich wünsche dir nicht, dass du auf einmal in ein fremdes Land auswanderst und alle Zelte hinter dir abbrichst. Aber ich wünsche dir durchaus, dass du für dich selber feststellst, was dir gut und was dir weniger guttut, und dass du den Mut zur Veränderung aufbringst. Schon kleine Veränderungen haben oftmals

große Wirkung!

Jeder Mensch braucht

einen Hafen, in dem er sich sicher und geborgen fühlt.
Ich wünsche dir liebe Menschen um dich herum,
in deren Gegenwart du dich zu Hause fühlst und die in guten
wie in schlechten Zeiten zu dir stehen.

DEM WEHT KEIN WIND, DER KEINEN HAFEN HAT,
NACH DEM ER SEGELT.

MICHEL DE MONTAIGNE

Ich wünsche dir

die Kraft, auch kleine Krisen mit
Gelassenheit und Humor zu meistern.
Du wirst gestärkt daraus hervorgehen.

**AUS KRISEN ERWACHSEN
AUCH IMMER NEUE KRÄFTE**

RITA SÜSSMUTH

Ich wünsche dir ein Jahr voller Genuss
und Sinnlichkeit. Ein Abend beim Lieblingsitaliener
samt Schlemmen ohne Reue oder ein
romantischer Abend zu zweit ...

*Nimm dir öfter mal Zeit für
die sinnlichen Momente des Lebens.*

Ich wünsche dir

viele Träume von schönen Dingen,
die du im nächsten Lebensjahr erleben möchtest,
aber auch die Zeit und die Energie, deine Sehnsüchte
tatsächlich Realität werden zu lassen.

Ich wünsche dir,

dass du deinen Eltern eine Stütze sein kannst,
wenn es ihnen im Alter einmal nicht so gut
gehen sollte.

DAS SINNVOLLE UNSERES ZUSAMMENLEBENS IST:
EINANDER ZU HELFEN,
EINANDER FREUDE ZU MACHEN.

THEODOR HIECK

Ein Hoch auf die Liebe!

Liebe ist das Salz in der Suppe,
die magische Prise, die den Zauber in unsere Welt bringt.
Dass du viel Liebe erfährst und geben kannst,
das wünsche ich dir von Herzen.

**DIE LIEBE IST DER SCHÖNSTE STEIN
IM MOSAIK DES LEBENS.**

RAINER KAUNE

GENUG ZEIT
FÜR SICH SELBST

zu finden, ist gar nicht so einfach.
Man hat das Gefühl, seiner Umgebung
gerecht werden zu müssen. Dass du trotzdem
ab und zu die Zeit findest, dich nur
um dich zu kümmern,
das wünsche ich dir von Herzen.

Ich wünsche dir, dass du in deiner freien Zeit viele schöne Dinge erlebst. Ein ausgiebiger Bummel durch seltener besuchte Stadtviertel, ein Italienischkurs oder ein Streifzug durch ein tolles Museum –

lass es dir einfach gut gehen!

Die Zukunft kann kommen!

Ich wünsche dir, dass dir das Glück oft begegnet,
dass du viel Freude am Leben hast, über alles Mögliche
lachen kannst und dass du dich unbeschwert
in dein neues Lebensjahr schwingst.

Textnachweis: Wir danken allen Autoren bzw. deren Erben, die uns freundlicherweise die Erlaubnis zum Abdruck von Texten erteilt haben.

Bildnachweis: Cover: Shutterstock.com; Innenteil Schmuckvignetten: Shutterstock.com; Innenteil Fotos: S. 3, 16, 20, 21, 26, 27, 36, 37, 43, 45: Shutterstock.com. S. 5: ingwervanille/Moment/Getty Images; S. 6, 7: Sasha Bell/Moment/Getty Images; S. 9: Roberto Moiola/Sysaworld/Moment/Getty Images; S. 10: Sasaran Angelica/500px Unreleased/Getty Images; S. 13: stock.adobe.com/Elena Odareeva; S. 15: stock.adobe.com/tashka2000; S. 19: stock.adobe.com/Delmaine Donson/peopleimages.com, S. 20, 21: jakkapan/Shutterstock.com; S. 23: stock.adobe.com/candy1812; S. 25: stock.adobe.com/kmiragaya; S. 28: stock.adobe.com/Benno Hoff; S. 31: stock.adobe.com/New Africa; S. 33: stock.adobe.com/nataba; S. 35: stock.adobe.com/Sergio; S. 39: stock.adobe.com/ChristArt; S: 41: stock.adobe.com/nataba; S. 47: Dougal Waters/DigitalVision/Getty Images.

Covergestaltung: Sabine Schröder

Layout und Satz: Petra Schmidt Grafik Design

Gesamtherstellung: AZ Druck und Datentechnik GmbH, Kempten

Aus Verantwortung für die Umwelt hat sich die Verlagsgruppe Droemer Knaur zu einer nachhaltigen Buchproduktion verpflichtet. Der bewusste Umgang mit unseren Ressourcen, der Schutz unseres Klimas und der Natur gehören zu unseren obersten Unternehmenszielen.

Gemeinsam mit unseren Partnern und Lieferanten setzen wir uns für eine klimaneutrale Buchproduktion ein, die den Erwerb von Klimazertifikaten zur Kompensation des CO_2-Ausstoßes einschließt.

Weitere Informationen finden Sie unter:
www.klimaneutralerverlag.de

Was ich dir wünsche zum 50. Geburtstag
GTIN 978-3-8485-0219-6

www.geschenkverlage.de

MIX
Papier | Fördert gute Waldnutzung
FSC® C008457

1 2 3 4 5